2,265

PRÉLIMINAIRE
D'UN
MÉMOIRE CIRCONSTANCIÉ

Sur le Personnel DE OTTEVAÈRE, aîné
dit *Petite-Conscience*,

Jadis pauvre petit Brasseur de village,
Puis Commissaire aux réquisitions anglaises,
Successivement Fournisseur des armées françaises,
Maintenant millionnaire, l'un des plus riches particuliers de l'Europe ;

Par LALOUBIE-CAZADE,

Ancien Commissaire du Gouvernement,
Maintenant Militaire en non-activité.

Scelus sequitur pede pœna claudo.
Sur ses pieds inégaux, la peine inévitable
S'avance, suit, atteint et frappe le coupable.

A PARIS;
IMPRIMERIE de Vigon RENAUDIERE, Marché-Neuf, Nº. 48.

1821.

AVERTISSEMENT.

Les personnes qui liront ce Mémoire, dont la rédaction n'appartient qu'à moi seul, blâmeront sans doute la hardiesse de mon entreprise; mais, j'ai pensé que pour publier des faits, l'érudition n'était point d'une nécessité absolue, et que la vérité était préférable au choix des expressions.

Si comme Militaire plus accoutumé à parler l'idiôme des camps que le langage de la science, je sens que j'ai besoin de toute l'indulgence du lecteur, pour qu'il supporte mon style incorrect et diffus; je n'espère pas moins que ma tâche se trouvera remplie, si, de quelque manière que je m'exprime, je parviens à démasquer les individus qui sont l'objet de ce Mémoire, c'est-à-dire, si j'ai caractérisé les faits de manière à fixer l'opinion des hommes impartiaux qui voudront bien prendre la peine de me lire, et à éveiller l'attention des Magistrats dépositaires de l'autorité.

Je crois devoir ajouter ici que pour ne pas fatiguer le lecteur bénévole par de trop longs détails sur des faits qui pourraient paraître étrangers au fond de l'affaire, quoique s'y rattachant essentiellement, j'ai jugé à propos de renvoyer à la fin de ce Mémoire les Notes explicatives jugées nécessaires à son développement.

OTTEVAÊRE, aîné,

CATUS et Compagnie,

TRADUITS

AU TRIBUNAL DE L'OPINION PUBLIQUE;

Par LALOUBIE - CAZADE.

Caton l'ancien disait que les grands voleurs couchaient sur des lits de pourpre et sous des lambris dorés, et qu'un des plus grands services à rendre à la chose publique et à la morale était de les démasquer pour les faire punir.

Nos lois qui, sous ce rapport, sont les mêmes dans les royaumes de France et des Pays-Bas, sont entrées dans les principes de Caton, puisque, considérant le silence sur les crimes commis, comme une sorte de complicité, elles font un devoir à tous ceux qui en ont connaissance d'en donner avis à qui de droit. (Article 30 du Code d'Instruction criminelle.)

Des circonstances qui tiennent du merveilleux, me mettent à même de faire connaître un homme qui doit à son extrême audace, à son astuce naturelle, à ses intrigues multipliées, à des rapines sans nombre et à des méfaits de toute espèce, une fortune colossale au moyen de laquelle il se croit inattaquable de la part des personnes qu'il a indignement trompées; mais comme je suis du nombre de ces personnes, je me détermine à publier cet écrit que je ferai suivre d'un mémoire circonstancié, qui, je l'espère, ne laissera rien à désirer.

En attendant que ce second travail soit complété par la réunion et le classement de tous les documens qui doivent entrer dans sa composition, afin d'atteindre plus sûrement mon but, *qui est de porter la conviction dans l'esprit de mes lecteurs*, je vais, puisqu'on m'y force par des iniquités révoltantes, comme aussi pour l'acquit de ma conscience, et dans l'intérêt de la société, essayer de tracer une légère esquisse d'un personnage qui deviendrait aussi fameux que l'ancien *Verrès*, si un nouveau Cicéron écrivait l'histoire de ses crimes.

FAITS.

Avant l'entrée des troupes françaises en Belgique (1793), le sieur Ottevaêre, aîné, connu depuis long-temps sous le sobriquet de *Petite-Conscience*, exerçait, au Petit-Pied, l'état de brasseur, dans le village de Deynse, son pays natal, situé entre Gand et Courtray.

S'emparer, par astuce, de ce qui revenait à ses frères (1), nier les dettes les plus sacrées (2), troubler les ménages (3), violer les filles ou abuser de leur inexpérience et de leur crédulité (4), faire de fausses lettres de change (5), substituer sa marque à celles de ses confrères (6), afin de s'emparer frauduleusement de leurs marchandises ; tels furent ses premiers passe-temps.

Bien des disgrâces en furent, il est vrai, les justes punitions : mais que font les humiliations publiques, les poursuites judiciaires, les prestations de faux sermens, les coups de pieds, les soufflets et les bastonnades à un génie tout occupé des moyens de corriger, surprendre et capter la fortune ; à un homme qui, étant déjà plus que flétri dans l'opinion publique, veut, à *quelque prix que ce soit*, arriver au titre de millionaire, et successivement à celui de haut et puissant seigneur (7); à un individu enfin qui ose dire ouvertement partout : « Qu'il lui importe » peu d'être traité de coquin, de brigand, de » scélérat, etc., etc., *pourvu qu'on ne le pende* » *pas?* »

Nouvel Archimède, mais plus heureux que lui, Ottevaêre ne perdit pas la vie en voulant devenir le moteur de l'univers ; et le duc d'*Yorck*, devenant son point d'appui, lui offrit les moyens de remuer son monde.

Or, voici comme la chose arriva :

Les troupes anglaises, sous le commandement de ce prince, étant entrées dans le Brabant en 1793 et 94, Ottevaêre, dont l'astuce, l'immoralité et l'indélicatesse étaient connues, fixa l'attention des chefs d'administration de cette armée, et leur parut le sujet le plus propre à procurer, le plus promptement, et sans bourse délier, des vivres et des fourages aux ennemis de son pays.

En conséquence, sur le refus d'un grand nombre de brabançons qui ne voulaient pas jouer un pareil rôle, il fut spécialement chargé de frapper de réquisitions de toute espèce sur ses compatriotes, et il y procéda si ardemment, qu'en peu de temps il ruina de fond en comble un grand nombre de familles.

Cependant la qualité d'agent des anglais ne pouvait suffire à son ambition ; il voulait encore devenir fournisseur pour son compte, et il y parvint ; car, lorsque ces insulaires eurent été forcés par les troupes françaises d'abandonner lestement la Belgique, Ottevaêre, dont l'imagination était ardente et féconde en moyens frauduleux, crut devoir profiter des circonstances, pour se présenter et offrir ses services, en cette dernière qualité, aux chefs de l'armée française ; mais, pour pouvoir plus facilement parvenir à effectuer, en partie, ses obligations envers les vainqueurs, il eut grand soin de s'approprier les dépouilles des vaincus (8).

Il s'aboucha d'abord avec un certain *Catus*, alors sergent d'artillerie, employé dans les bureaux de l'ordonnateur Alexandre, qui était plus disposé à le servir pour de l'argent, en secondant ses friponneries, qu'à se faire tuer dans les rangs de ses camarades, en combattant les ennemis de son pays.

A cette époque Catus était très abordable, sa richesse consistant, à peu-près, dans l'air qu'il respirait ; mais aujourd'hui qu'il est devenu deux fois gendre d'Ottevaère, (9) millionnaire comme lui, et de plus baron, décoré de plusieurs ordres, il tranche du grand seigneur, ne donne audience qu'à ceux qui comme lui sont les favoris de Plutus, (*per fas et nefas,*) et pousse l'oubli des convenances jusques à négliger de répondre aux lettres honnêtes que veulent bien prendre la peine de lui écrire ceux qui ont le malheur d'avoir affaire à lui.

En 1793 et 94, ce n'était point M. le baron de Catus, mais bien *Catus* tout court, tendant la main à tous venans, et recevant cordialement, surtout les fournisseurs, gardes magasins, etc. dont il se plaisait à favoriser les opérations frauduleuses; c'était *Catus*, qui au moyen des remises convenues, se chargeait très officieusement de faire admettre et régulariser tous les marchés onéreux à l'état, ainsi que toutes les pièces prétendues comptables qui en résultaient, pour en faciliter la liquidation et le paiement; c'était *Catus*, enfin, qui avait conseillé à l'ex-commissaire aux réquisitions anglaises, de garder le silence sur le produit de ces réquisitions, dont une grande partie était restée à sa disposition, et de se l'approprier, pour ensuite se faire constituer fournisseur de l'armée française, s'obligeant, lui Catus, de délivrer des récépissés comptables, autant qu'il en faudrait pour couvrir toutes les nouvelles friponneries que leur imagination pourrait enfanter. De sorte que tandis que Ottevaêre versait dans les magasins français quelques centaines de quintaux de bleds ou de fourrages provenant des réquisitions susdites, l'ami Catus s'employait de tout son cœur à faire délivrer des récépissés pour plusieurs milliers. Par le fait, le gouvernement français ne payait pas seulement ce qui lui appartenait bien légitimement par droit de conquête, mais encore (et cela se répétait souvent,) ce qui n'avait jamais été réellement versé dans ses magasins. Aussi de son côté, Ottevaêre se chargea-t-il de la fortune dudit Catus, on sait jusqu'à quel point la chose a réussi.

Ce début promettait, et comme c'était la mode dans ce temps de troubles et de dilapidations, le tartuffe Ottevaêre osait par fois se plaindre des pertes immenses qu'il disait éprouver en exécutant de ses marchés, et il gémissait de se ruiner ainsi en faisant les affaires de la république; mais il n'en achetait pas moins les plus beaux châteaux et les plus belles fermes de la Belgique.

Certain de réussir dans toute sortes d'entreprises, Ottevaêre en imagina une d'un genre aussi nouveau que hardi : il connaissait un sieur

Delamme, qui le mit en rapport d'intérêts avec un certain *Haymans*, autre prétendu fournisseur, qui de son côté avait passé un marché pour livrer dans les magasins de l'armée française, en Belgique, dans un délai déterminé, pour environ trois millions de grains.

Peu exercé dans la partie, Haymans n'avait pas songé à employer les mêmes moyens qu'Ottevaêre pour se procurer, *à bon compte*, des récépisés de versement et autres pièces comptables tendantes à justifier de l'exécution de son marché, il avait tout bonnement fait acheter en Hollande, par ses correspondans, les grains nécessaires pour effectuer ses versemens aux époques convenues; mais au moment du départ des bâtimens qui devaient les transporter en Belgique, ne voilà-t-il pas que le gouvernement Hollandais défend l'exportation de cette denrée, et que le sieur Haymans se trouve dans l'impossibilité de remplir ses obligations envers l'armée française, conséquemment de pouvoir faire honneur à ses engagemens particuliers envers ses sous-traitans.

Notre Ottevaêre rempli d'une sécrète joie de l'embarras où se trouve son concurrent, lui fait proposer de lui acheter, et il lui achète effectivement, les grains arrêtés dans les ports de la

Hollande, mais il ne lui en paie le montant qu'avec des certificats de versemens et récépissés comptables provenants de ses fabriques, (10) pièces qu'il a soin de faire dresser au nom d'Haymans, afin que celui-ci pût à la fois se trouver en mesure de justifier de l'exécution de son marché en temps utile, et recevoir par lui-même les sommes énoncées aux dites pièces. Ces récépissés comptables, bien revêtus de toutes les formalités ordinaires, sont ensuite envoyés aux frères *Cevennes*, banquiers à Paris, et par leurs soins liquidés, ordonnancés et payés, au moyen des bons amis que ces Messieurs avaient à la commission intermédiaire, à la liquidation et à la trésorerie.

Et comme l'ami Ottevaëre était alors un vrai foyer de lumières en fait d'opérations frauduleuses, il fit en même temps vendre pour son compte et à son seul profit sur les divers marchés de la Hollande, les grains qu'il avait ainsi achetés à Haymans, et ces mêmes grains, qui étaient censés arrivés sains et sauf en Belgique, ainsi que le constataient les pièces dont vient d'être mention, se trouvèrent bientôt, par d'affreux accidens, partie brûlés dans les magasins où ils paraissaient avoir été versés, et partie submergés dans les bateaux de transport, par le fait d'ouragans épouvantables, du moins des procès-verbaux dressés à ce sujet, par gens à ce entendus, l'ont ainsi attesté, afin que le gouvernement français se trouvât obligé de supporter ces pertes, ce qui eut toujours lieu sans la moindre difficulté, par le fait des bonnes connaissances que ces messieurs avaient partout.

S'arrêter là, eût été trop modeste : une liquidation première avait été faite au nom d'Haymans, ainsi qu'il a été dit plus haut; mais les pièces principales dont on s'était servi à ce sujet, sont bientôt soustraites des bureaux où elles devaient rester en dépôt; et elles ne tardent pas à figurer de nouveau dans une autre comptabilité, au nom d'Ottevaëre; et, comme pour cette opération il n'était besoin que d'être assez adroit pour savoir opérer des petits changemens (car dans ce genre il est toujours facile de trouver des parties *prenantes*), les liquidateurs prennent aussi intérêt à la chose, *et un tel intérêt*, que l'État paye une seconde fois à Ottevaëre, qui pour cela n'a besoin que de se présenter de sa personne, en assurant qu'il est discret et généreux.

Cet honnête artisan d'une fortune colossale avait quatre filles à marier; l'amitié et la reconnaissance le portèrent à allouer la première (Collette) à l'ex-sergent *Catus*, devenu commissaire des guerres ; il gratifia de la seconde (Charlotte) (11), un sieur *Possel* qui l'avait aussi aidé dans ses opérations, et qui depuis s'associa avec le fameux Lemercier, fermier des jeux de Paris; (Jeannette) la troisième qui, du vivant de sa sœur *Collette*, n'était déjà pas mal avec son beau-frère, est maintenant, contre la volonté de son père, au mépris de la loi naturelle et des lois civiles, madame Catus 2e, ou, pour mieux dire, madame la baronne de Catus(12) ; quant à la quatrième (Cirsca), elle fut également accordée au fils de M. *Lateur*, ancien président du tribunal de Bruxelles ; mais cette union n'a pas été de longue durée, Cirsca étant morte quelque temps après son mariage (on ne dit pourtant pas que ce soit de chagrin.)

Ottevaère avait aussi un fils (*Jean*) sur lequel il fondait ses plus chères espérances ; mais ce fils qui avait déjà brillamment débuté dans le monde, en faisant aussi pour son compte des marchés frauduleux en fait de fournitures (ce qui l'avait enfin compromis au point d'être arrêté, emprisonné, etc.), est également mort de peur, ou autrement, à la fleur de son âge. Voilà quels sont les effets de la justice divine, devant laquelle les faveurs de la fortune ne sont que peu de chose.

Tout n'est pas bonheur ici-bas. Ne voilà-t-il pas que les deux frères d'Ottevaêre (*Charles* et *Eugène*), Delamme, Haymans et autres qui, pendant la durée des brillantes opérations du prétendu fournisseur, avaient été ses co-sociétaires ou principaux agens, se fâchent de ce qu'il ne remplit pas fidèlement ses promesses, et cesse de les alimenter à leur gré, après l'entière liquidation et le solde de ses fournitures, ou prétendues telles (13).

Fortement affectés de son ingratitude et de son insigne mauvaise foi, ils lui déclarent très-positivement que, s'il diffère plus long-temps à remplir envers eux ses engagemens d'honneur, ils sont irrévocablement déterminés à l'y contraindre par voies judiciaires, et qu'alors ils se verront forcés d'entrer dans des détails, plus ou moins désagréables, sur les faits qui auraient donné lieu à leur action.

En homme sage, prudent et réfléchi, Ottevaêre aurait dû arranger cette affaire, ne fût-ce que sous les rapports du scandale; mais comme, selon sa coutume, il tenait beaucoup plus aux espèces qu'à sa réputation, il persista dans ses refus, et cela lui occasionna de grands désagrémens.

Déjà, en l'an cinq et en l'an six de la république, Ottevaêre avait eu à se défendre contre plusieurs personnes de la bonne foi desquelles il avait abusé, et qui avaient formé contre lui des actions en justice.

En l'an sept, ses frères Charles et Eugène, Haymans et Delamme, firent imprimer et répandre contre lui divers écrits où ils lui reprochaient sa conduite envers eux qui, disaient-ils, avaient été les témoins oculaires des différens faits répréhensibles dont il s'était rendu coupable pour parvenir à son immense fortune. (Ces écrits furent publiés pendant la durée d'une affaire existante au tribunal de Bruxelles, dont le résultat fut : que les susnommés avaient été accidentellement et fortement victimes de leur crédulité envers Ottevaêre aîné, et qu'ils avaient été fondés à le traiter ainsi qu'ils l'avaient fait dans leurs différens mémoires.)

En l'an huit, il fut encore très-positivement dénoncé à la justice, par un sieur *Bertrand*, administrateur du département du Mont-Tonnerre, en raison de plusieurs crimes et délits par lui commis, dont les preuves matérielles et patentes se trouvaient jointes à la dénonciation (14).

En l'an dix, Delamme, créancier d'une somme

de *trois cent soixante mille francs* dûe par Ottevaêre, essaya vainement de s'en faire payer, faute de pouvoir obtenir et faire exécuter un jugement définitif dans un pays où la fortune de son débiteur lui donnait la haute main sur la majeure partie des gens en place (15); mais en l'an onze, voyant que ses instances et ses démarches n'aboutissaient à rien, il résolut de porter plainte devant M. *Saussay*, magistrat de sûreté, contre Ottevaêre et compagnie, et il accompagna cette plainte d'une dénonciation positive et formelle en raison des moyens illicites et frauduleux que ledit Ottevaêre avait employés pendant la durée de sa gestion comme commissaire aux réquisitions anglaises, et successivement comme fournisseur aux armées françaises.

Cette plainte ainsi que la dénonciation, bien circonstanciées étaient établies sur des documens positifs et pièces authentiques qui démontraient la véracité des faits cités.

La première portait : 1°. que Ottevaêre avait abusé de la crédulité et de l'extrême confiance de certains individus, pour les porter à condescendre à ses vues sur les moyens d'exécution qu'il avait adoptés, en ce qui concernait ses opérations frauduleuses.

2°. Sur ce que, au lieu de payer comptant ses

sous-traitans, il prétextait des retards que lui fesait éprouver le gouvernement, dans sa liquidadation définitive, afin de les déterminer à accepter pour comptant des effets au porteur sans avoir l'intention d'y faire honneur.

3°. Sur ce que, malgré la demande du paiement des titres susdits à des époques postérieures à la liquidation et au paiement pour solde de ses fournitures, (ou prétendues telles,) il avait constamment et astucieusement éludé d'y satisfaire, sous différens prétextes absurdes, enfantés par son imagination déréglée et perfide.

4°. Sur ce qu'il était notoire qu'il se fondait sur l'inconcevable ascendant qu'il avait sur l'esprit de certains personnages, dépositaires de l'autorité locale, pour se jouer impunément de tout ce qu'on pouvait faire ou entreprendre contre lui, en vertu des lois, sa nouvelle fortune le mettant malheureusement à même de faire évanouir toute espèce de réclamations, de rendre interminables les procédures les mieux fondées, et d'éluder ainsi l'exécution des lois, motifs pour lesquels il fallait nécessairement avoir recours à la voie de la plainte en abus de confiance et en réglement de juridiction.

La dénonciation reposait :

1° Sur ce qu'Ottevaère aîné, ancien commissaire aux réquisitions pour les Anglais, s'était approprié des grains qui appartenaient, soit à titre de restitution, aux propriétaires qui en avaient été dépouillés arbitrairement, soit à l'armée française qui pouvait les revendiquer comme fruit de conquête.

2° Sur ce qu'en sa qualité successive de fournisseur des armées françaises, il s'était principalement attaché à corrompre et à séduire un très-grand nombre d'employés supérieurs et subalternes, afin de les déterminer à fabriquer pour pour son compte, à son nom et à son profit, des faux bons, récépissés de versement et autres pièces comptables, au moyen des quelles il était parvenu à se faire payer par le gouvernement des créances fondées sur l'imposture, comme si elles eussent été réelles.

3°. Sur ce que, pour cumuler et augmenter les produits de son infernale industrie, il avait astucieusement profité de l'embarras accidentel où se trouvait un autre fournisseur, reconnu comme tel d'après ses soummissions légalement acceptées, afin de s'emparer de son traité, tout en ne lui payant qu'en récepissés de sa fabrique, ce qu'il avait réellement acheté en valeur de commerce, et ce qu'en suite lui Ottevaêre fit vendre pour son compte et à son seul profit. (*Voyez* l'affaire Haymans.)

4°. Que pour se faire payer des denrées non existantes et obtenir des liquidations de fournitures imaginaires audacieusement supposées, il avait fait incendier par ses gens, divers magasins militaires où de grands versemens devaient s'effectuer, notamment ceux de *Gorcum* et de *Breda*, et, en outre, fait supposer des naufrages frauduleusement constatés par des procès-verbaux par lui sollicités et obtenus de la part des personnes qu'il corrompait à cet effet.

5°. Que ses moyens de succès, dans ces sortes d'opérations, étaient d'acheter les signatures des gardes magasins, commissaires des guerres, inspecteurs, vérificateurs, ordonnateurs et autres, qui, comme lui, préféraient leurs intérêts privés à ceux de l'état qui les soldait.

6°. Et enfin, que ce jeu lui était devenu tellement familier, qu'il s'était audacieusement fait payer jusques à deux et trois fois, une seule et même supposition de fournitures, les traités qu'il souscrivait n'étant qu'un manteau pris dans la seule vue de pouvoir consommer avec impunité d'immenses dilapidations. (16)

Catus, complice d'une grande partie de ces

faits, se trouvait à Paris lorsqu'ils furent officiellement dénoncés ; il fit usage de ses moyens ordinaires, *la corruption*, pour arrêter et paraliser l'action de la justice ; il employa ses amis, dont quelques uns étaient accidentellement devenus des petites puissances, leur fit des promesses et de brillans cadeaux, pour les déterminer à s'intéresser en sa faveur ; il parvint même à se procurer une intelligence secrète dans le cabinet du magistrat Saussay, en corrompant un sieur *Trufflaut*, son sécrétaire, et au moyen de quelques rouleaux de louis, de bons dîners donnés chez le restaurateur Very, et de belles promesses, celui-ci lui communiqua les dossiers existans et il lui fournit copie de toutes pièces à charge, afin de le mettre à même de se convaincre de la force de la plainte et de la dénonciation dont vien d'être mention, comme aussi de lui faire toucher au doigt ce qui pouvait en resulter.

Il tremble pour son beau-père, il tremble pour lui-même ; il invoque, il sollicite, il supplie les divers personnages qu'il croit capables de l'aider à sortir d'embarras, les protestations de reconnaissance, les promesses, etc. ne sont point épargnées pour parvenir à détourner l'orage pret à fondre sur lui et ses complices. Quelques portes s'ouvrent, mais les plus redoutables restent fermées ; que faire, que devenir dans une position aussi critique ? (17) son beau-frère Possel, lui procure un avocat, (Me. *Maurice Mejean*) qui fait tout ce qu'il peut pour arranger cette affaire, mais sans pouvoir y parvenir. C'est alors qu'on le replie sur moi, Laloubie, qui dans l'origine avait été chargé, par Ottevaêre et Catus, de tâcher d'amener Delamme à composition, afin de transiger avec lui sur le montant de sa créance; on s'excuse sur certains faits dont j'avais eu à me plaindre, lesquels m'avait porté à déclarer que je ne voulais plus me mêler de cette affaire, et à cesser de faire des démarches; (18) on m'engage, on me presse, on me supplie instamment de reprendre et de continuer une négociation accidentellement interrompue, et surtout à ne pas perdre un instant pour arriver à l'arrangement d'où dépend, la tranquillité, la fortune et l'honneur d'Ottevaêre et de sa famille. (On m'avait originairement et positivement promis à Bruxelles, l'équivalent du *dixième* de la créance que Delamme réclamait comme fondé en titres, montant ensemble à une somme de *trois cents soixante mille francs*, si toutefois je pouvais parvenir à le déterminer à transiger selon les intentions de mes mandans, les réductions que je

2 *

pourrais obtenir sur le principal de ladite créance, ne devant être considérées que comme un surcroît de titres à leur reconnaissance ; *on me renouvelle vingt fois cette promesse en dernier lieu*, enfin, on fait tout ce qu'il est possible de faire pour me déterminer à agir de nouveau dans l'objet de mon ancienne mission, qui ne devait aboutir qu'à un accommodement entre les parties.)

Je refuse d'abord; on insiste:... j'hésite ensuite, et cependant je finis par me rendre aux sollicitations réitérées qui m'étaient faites ; (ces faits sont prouvés par les lettres qui sont en ma possession, notamment celles des 5 et 30 brumaire, 6, 19 et 30 frimaire, 1, 2, et 24 nivôse, 16, 22, 27 et 28 pluviose de l'an 11, ainsi que par les ordonnances intervenues en fructidor même année (19).

Je recommence donc mes démarches auprès de Delamme qui, devenu furieux, est résolu à tout sacrifier à sa vengeance, j'en fais beaucoup d'autres, non moins importantes, auprès des personnages de qui j'avais l'honneur d'être connu et qui pouvaient puissamment concourir à applanir les difficultés, que des propos trop inconsidérés avaient multipliées; je dresse des mémoires, communique des documens, fournis des réfutations, indique et prépare des moyens de rapprochement, en faisant prêter et en prêtant moi-même de ma poche, à ceux qui en avaient besoin, des sommes assez considérables, dont la plupart me sont encore dûes.

Mais, comme pour arriver à un but fixé, il ne faut rien négliger de ce qui peut contribuer à le faire atteindre, et qu'il est souvent nécessaire de savoir se conduire suivant les circonstances en se prêtant aux usages pour saisir les occasions de se rendre agréable, non-seulement à ceux à qui on a affaire, mais encore à leurs alentours; les déjeûners, les diners, les parties de campagne et de spectacles, les cadeaux, les promesses, les acomptes, les prêts, etc., etc., rien ne devait être et rien ne fut effectivement oublié pour remplir l'objet de ma mission, conformément aux intentions d'Ottevaëre et de Catus, sur la loyauté et la bonne foi desquels je croyais pouvoir compter. (20).

Enfin, à force de démarches, de soins, d'instances et de sacrifices, je parvins à désarmer Delamme, ainsi que les personnes qu'il avait mises dans ses intérêts, et toutes voulurent bien finir par se prêter à l'arrangement proposé. En conséquence, Delamme se trouvant désintéressé se condamna au silence *par une transaction*, il donna le désistement de sa plainte, et se rétracta de sa dénonciation; le magistrat Saussay, qui avait aussi ses raisons pour ne pas continuer son instruction, voulut bien également consentir à ce que toutes les pièces qui composaient les deux volumineux dossiers (qui etaient en ses mains depuis plusieurs mois) fussent lacérées et brûlées en sa présence, pour qu'il n'en fût plus question (21).

Ainsi finit une affaire qui, sous plus d'un rapport, était susceptible de grandes conséquences aussi inutiles à citer que faciles à deviner. Mais comme parmi les gens sans honneur et sans foi, il s'en trouve souvent qui, malgré l'astuce et cette sorte de tact qui leur est propre, manquent de jugement, Ottevaêre et Catus qui, comme on l'a vu plus haut, m'avaient spécialement chargé de m'occuper de leurs intérêts fortement compromis, (ce que j'avais fait en pleine sécurité, avec beaucoup de zèle, de discernement, et à grands frais) méconnurent bientôt les promesses qu'ils m'avaient faites dans le temps où ils avaient le plus grand besoin de moi; et, fidèles à leur affreux système d'ingratitude, de duplicité, etc., ils s'imaginèrent qu'en s'esquivant furtivement de Paris, (22) et en éludant de répondre cathégoriquement aux divers points de mes justes réclamations, ils finiraient par fatiguer ma patience et m'ameneraient ainsi à transiger à mon tour avec eux sur le *quantum* de mes honoraires : honoraires légitimement mérités et qui devaient m'être payés immédiatement après la transaction conclue par mes soins, avec Delamme.

Justement indigné de voir qu'on vouloit se jouer de moi, d'une manière aussi atroce, je me déterminai à faire usage des pièces que j'avais dans les mains, notamment de la corespondance au moyen de laquelle je pouvais clairement justifier de mon mandat et de ce que j'avais fait pour en remplir l'objet; mais désirant m'attacher à bien préciser les faits, pour faire apprécier l'importance des services rendus, je crus devoir remonter à l'origine des hommes que j'avais loyalement et puissamment obligés.

Ma surprise fut extrême, lorsque je découvris (*d'après les renseignemens qu'ils me forcèrent de prendre*), qu'au lieu d'avoir servi des gens honnêtes, mais inconsidérés dans leur conduite, j'avais tout bonnement concouru à soustraire de grands coupables à la sévérité des lois pénales.

Forcé de reconnaître mes torts à ce sujet et d'en convenir avec la franchise dont je fais profession, je ne m'en crois pas moins fondé à intenter une action en justice, contre ceux qui se sont ainsi joués de ma crédulité; je porte plainte contre eux, devant le magistrat de sureté Fardel, qui paraît d'abord prendre un vif intérêt à mon affaire et disposé à agir comme il convient en pareille circonstance.

Jugeant cette action bien fondée, d'après l'examen des pièces produites à l'appui, il décerne un mandat de comparution contre Ottevaëre, qui est obligé de se rendre à Paris pour y subir des interrogatoires; mais notre homme qui sait, encore mieux que Catus, comment il faut s'y prendre pour séduire les gens qui ne sont pas *bigots*, (c'étoit le mot de prédilection du magistrat Fardel, lorsqu'il vouloit faire entendre qu'il était disposé à arranger une affaire) usa de ses moyens ordinaires et parvint ainsi à dérider le front de celui qui d'abord s'était montré sévère et disposé à provoquer sa correction; mais qui ensuite devint infiniment traitable; et ce même magistrat qui, par état comme par devoir, devait instruire cette affaire avec impartialité, ne fût-ce que dans l'intérêt public, prévariqua en faveur du moderne Crésus en devenant tout-à-coup l'agent particulier du prévenu; enfin, il fit si bien, qu'après avoir été admonété, censuré, accusé, emprisonné, etc., il fut destitué et ignominieusement chassé.

(Le détail de cette affaire étant trop long pour trouver ici sa place, on a cru devoir en faire l'objet d'une note particulière à laquelle on renvoit le lecteur) (23).

Après avoir dûment corrigé et fait corriger ledit Fardel, de manière à ce qu'il pût se souvenir de moi, ce madré coquin (je suis autorisé à le traiter ainsi, ce qu'on verra bientôt), qui se trouvait encore désagréablement impliqué dans une *affaire de faux*, relative à un certain Payan Delosne, autre prétendu fournisseur qu'il avait également essayé de sauver des galères, *moyennant beaucoup d'argent*, s'avisa de publier un Mémoire prétendu justificatif, dans lequel il m'attribuait toutes ses mésaventures, prétendant que c'était par suite ou en raison d'une affaire particulière qu'il avait eue avec moi, au sujet de mes réclamations contre un sieur Ottevaêre, de Bruxelles, que tous les membres du tribunal criminel spécial de la Seine lui en voulaient à outrance, parce que, selon lui, je me trouvais depuis long-temps lié d'amitié avec plusieurs d'entre eux.

Désirant répondre à cette espèce de provocation aussi mal fondée qu'inattendue et maladroitement conçue (puisque l'affaire Ottevaêre avait été étouffée par une ordonnance de faveur ou de plâtrage, rendue à la sollicitation de leurs communs et très-puissans protecteurs), je crus devoir faire part de mes dispositions audit Sr. Ottevaêre, qui était alors à Deynse, envers qui j'avais des ménagemens à garder. Mais comme, dans la réponse écrite qu'il me fit à ce sujet, il me dit : « Qu'il ne fallait répondre au *Factum* de Fardel, que par le silence du mépris, parce que (d'après la manière dont l'affaire avait été traitée et terminée) il estimait qu'on ne devait toucher à cela que le moins possible ». Je renonçai à mon projet, ne voulant pas heurter la manière de voir de mon débiteur, dans la crainte qu'il ne s'en prévalût pour éluder l'entière exécution de ses derniers engagemens d'honneur, contractés en présence de MM. les magistrats *Gerard*, *Thuriot*, *Pinot* et *Saint-Martin*, d'après les intentions de MM. l'archi-chancelier *Cambacérès*, et du grand-juge *Regnier*. Je consentis à garder le silence sur les absurdes assertions que Fardel avait mises en avant au sujet de son déclinatoire : (il demandait d'être jugé à Versailles, et non à Paris).

Mais, comme à la suite de son premier Mémoire, il en publia un second, dans lequel il se permit de nouvelles attaques excessivement déplacées, je ne consultai plus Ottevaêre sur la réponse que j'avais à lui faire, et je la lui fis de manière à lui ôter l'envie de récidiver.

Cependant, malgré la précaution que j'avais

prise d'éviter tout ce qui pouvait nuire à Ottevaêre, et le silence que j'avais gardé sur des faits qui lui étaient communs avec cet impudent provocateur, ledit Ottevaére, qui aurait dû me savoir gré de ma modération, non-seulement ne m'en tint aucun compte, mais encore il poussa la mauvaise foi jusqu'à s'en faire un prétexte pour ajourner indéfiniment l'exécution de ses engagemens particuliers avec moi, «prétendant qu'il ne pouvait compter sur ma discrétion, qu'autant qu'il resterait mon débiteur, jusqu'au moment où il n'aurait plus à craindre la réaction de la justice» (25).

Ennuyé d'attendre le retour d'Ottevaêre à Paris et le solde promis, choses qui devaient avoir lieu dans le mois après l'ordonnance de plâtrage rendue en sa faveur ; et justement affecté de voir qu'il ne répondait plus à mes lettres, que par des expressions évasives, telles, par exemple, que celles-ci : « Je vous assure que c'est bien franchement et de bonne foi, que j'ai égaré votre lettre du 19 frimaire, et que je ne me rappelle plus de son contenu ». « Je puis vous assurer que j'ai toujours tenu à cœur de payer mes dettes; mais il est des circonstances où l'ajournement est nécessaire, comme tenant à des conditions ». « Je ne suis pas d'avis de me mêler de répondre aux platitudes consignées dans le Mémoire de Pierre Fardel ; j'estime qu'il ne faut pas toucher à cela que le moins possible, etc., etc. ».

Ennuyé, dis-je, d'être ainsi balotté par un homme qui m'avait de grandes obligations, et qui, pouvant facilement effectuer ses promesses envers moi, éludait de le faire, par une conséquence de son insigne mauvaise foi, je livrai à l'impression un Mémoire intitulé : «Détails de l'affaire » entre Laloubie-Cazade et Ottevaêre l'aîné, ex-» fournisseur, laquelle a donné lieu à la seconde » partie du Mémoire de Pierre Fardel.»

Ce mémoire, de 74 pages d'impression *in-4°*., présentait au complet tous les faits relatifs aux différentes affaires qui avaient existé, toutes mes citations s'y trouvant bien et dûment appuyées de preuves, de sorte qu'il était impossible de pouvoir les réfuter.

Il était sous presse, lorsque Fardel s'avisa de rendre contre moi une nouvelle plainte, en raison de la correction que je lui avais administrée le 8 messidor de l'an XI, et de la lettre que je lui avais écrite le 11 du même mois, dans laquelle je le traitais de « coquin » insigne, décidément indigne du caractère dont » il était revêtu ».

J'avais déjà été arrêté, emprisonné et détenu plusieurs jours au secret, sur l'ordre verbal de Fardel, en raison de ces faits qui, après examen de la part de quatre magistrats supérieurs, avaient été appréciés et jugés, ainsi qu'ils devaient l'être, c'est-à-dire, mal fondés de sa part; ou, pour mieux m'exprimer, que la correction et l'épithète avaient été fondées de la mienne.

Néanmoins, et sans doute pour démontrer de nouveau au grand-juge *Regnier* (qui s'intéressait vivement en faveur de Fardel), jusqu'à quel point ma conduite avait été irréprochable, le directeur du jury, M. *Denisart*, décerna contre moi un mandat d'arrêt, en vertu duquel je fus de nouveau incarcéré, le 19 pluviose an XII, comme prévenu d'avoir outragé et frappé un fonctionnaire public dans l'exercice de ses fonctions, délit prévu par l'article 7 de la 4e. section du titre 1er. de la 2e. partie du Code pénal, emportant peine afflictive.

L'affaire ayant ensuite été soumise à un jury d'accusation, dans les formes prescrites par les lois alors existantes, les jurés déclarèrent à l'unanimité, le 27 du même mois, *qu'il n'y avait pas lieu à accusation* pour les faits argués dans la plainte, et je fus immédiatement remis en liberté.

Une telle décision, si inconsidérément provoquée par Fardel et son très-puissant protecteur, équivalait à ceci : Oui, M. Fardel, Laloubie a bien fait de vous corriger manuellement, verbalement et par écrit, ainsi que vous le méritiez ; et vous avez mal fait d'avoir usé d'arbitraire envers lui, en le faisant arrêter, emprisonner, etc. En raison de cela, combien de conséquences ne pourrait-on pas tirer de cette déclaration ?

Aussitôt ma remise en liberté (ma dernière détention ayant duré huit jours), je m'occupai de mettre la dernière main à mon Mémoire; et, comme je ne voulais pas qu'on pût me reprocher d'avoir mis trop de précipitation ou d'amertume dans la publicité des faits qu'il contient, les premiers exemplaires sortis de la presse furent par moi loyalement adressés à Ottevaëre, Catus, Possel, Fardel, etc. ; mais, ne pouvant répondre d'aucune manière à mes citations bien appuyées de preuves, ces messieurs pensèrent qu'il était plus facile de faire usage de leurs moyens ordinaires (toujours fondés sur l'astuce, l'intrigue et la perfidie), pour tâcher d'en atténuer l'effet.

J'ai déjà dit comment et pourquoi l'archichancelier Cambacérès et le grand-juge Regnier s'intéressaient vivement à ce qui concernait Ottevaêre et les siens ; et, comme dans cette nouvelle circonstance il n'y avait pas de temps à perdre pour empêcher que le public n'entrât dans la confidence, le grand-juge Regnier voulut bien consentir à prêter sa signature, pour qu'on pût s'en servir à l'effet d'intimider mon imprimeur et le déterminer à laisser enlever de chez lui l'édition de mon Mémoire, qui devait m'être livrée ce jour même, pour être immédiatement distribuée.

Cependant, comme le grand-juge savait mieux que personne ce qu'on pouvait penser de cet acte de complaisance, et que sans doute il ne se dissimulait pas à lui-même jusqu'à quel point cette mauvaise action pourrait m'exaspérer, il eut soin d'exiger que tous les frais d'impression et autres relatifs audit Mémoire fussent préalablement et généreusement payés par les solliciteurs de cet acte arbitraire, mon imprimeur demeurant ainsi chargé de me remettre les 300 francs que je lui avais donnés à titre d'avance à ce sujet; comme aussi que l'autorisation, en vertu de laquelle cette spoliation s'effectuait, ne resterait point entre les mains de l'imprimeur, et lui serait immédiatement rapportée, afin que je ne puisse jamais m'en prévaloir, pour rendre plainte en abus d'autorité.

Voilà comment 990 exemplaires de mondit Mémoire me furent, je puis le dire, VOLÉS, au moment où j'allais m'en servir pour dévoiler aux yeux du gouvernement, des magistrats et du public, le grand nombre de faits répréhensibles qui caractérisent l'infâme conduite d'Ottevaêre et consorts.

Et comme le grand-juge voulait aussi exiger de ma part la remise des exemplaires qui étaient déjà entre mes mains, afin qu'il n'en restât aucune trace, je crus devoir me refuser d'obtempérer à cette prétention, du moins jusqu'à ce que son Exc. m'en donnât l'ordre par écrit ; ce qu'il ne voulut pas faire, *et pour cause* ; ce qui fait que j'en ai encore à ma disposition, qui pourront, au besoin, servir à quelque chose.

En effet, de deux choses, l'une : ou ce Mémoire était attentatoire aux intérêts de l'Etat, aux mœurs, au bon ordre, ou contraire à la vérité, conséquemment susceptible d'être légalement séquestré ; ou il ne comportait rien de réellement répréhensible, comme contraire aux lois existantes ? Dans la première hypothèse, il devait être saisi, en suivant les formalités prescrites en pareil cas, et en traduisant l'auteur devant l'autorité compétente ; dans la seconde, qui que ce fût ne pouvait s'arroger le droit d'en intercepter la publicité, pas même en payant, comme on l'a fait, tous les frais d'impression et autres auxquels sa confection avait donné lieu.

Présumant donc que la religion du grand juge avait été surprise, ou que sa signature lui avait été extorquée, je m'empressai de lui soumettre ma manière de voir à ce sujet, en le priant de daigner m'accorder une audience particulière, pour me trouver à même de lui démontrer la régularité de ma conduite ; mais, quoique son Exc. voulût bien paraître accueillir ma prière, en m'indiquant, à deux différentes reprises, le jour et l'heure où je pourrais me présenter pour être introduit auprès d'elle, mes démarches à ce sujet ont toujours été vaines, sous le prétexte que ses grandes occupations ne lui permettaient pas de me recevoir, au moment où je me présentais en vertu de ses lettres. Cependant M. Saladin, son secrétaire-général, avait reçu l'ordre de m'entendre ; mais, comme ce n'était pas à lui que j'avais affaire, je crus devoir me borner à lui manifester mon juste mécontentement ; sur quoi, il voulut bien m'assurer : « Que son Exc. était loin de prétendre s'opposer au paiement de ce qui m'était dû par Ottevaëre ; mais qu'elle désirait seulement qu'il ne parût plus de Mémoires imprimés sur cette affaire, surtout pendant le temps que Fardel était détenu dans les prisons de Versailles ».

Fardel était le magistrat de sûreté qui exerçait ordinairement auprès du grand-juge, lorsqu'il s'agissait de crimes ou délits qui intéressaient le gouvernement : ce qui l'avait porté à se flatter pompeusement, dans son Mémoire, d'être un des principaux dépositaires des secrets de l'État. C'était aussi le magistrat Fardel qui donnait audience au nom et pour son Exc., lorsque sa santé ou ses occupations ne lui permettaient pas de la donner elle-même.

Les choses en étaient là, lorsque rappelé au service militaire, en vertu d'un ordre ministériel qui me fut expédié, je ne sais trop comment, ne l'ayant point sollicité (26), je rentrai dans la carrière des armes et suivis avec mes camarades toutes les chances de la guerre. Ce ne fut donc qu'à la fin de 1819 que je pus me rendre à Bruxelles, où, après avoir écrit plusieurs lettres explicatives et concluantes à mon ancien débiteur (qui alors étoit absent) ainsi qu'à M. Dewleeschoudère, avocat, son conseil ordinaire et son ami intime; où après avoir eu avec ce dernier plusieurs entrevues, dans lesquelles tous les faits ont été de nouveau reproduits, discutés et sont restés avérés; où après lui avoir soumis un grand nombre de pièces qui concouroient à démontrer la légitimité de ma réclamation, ainsi qu'une consultation écrite et signée d'un de ses confrères, avocat du barreau de Bruxelles, consultation qu'il avait exigée pour, disait-il, établir et fixer son opinion; où enfin, après avoir pris patience pendant plusieurs mois et gardé le silence, ainsi qu'on l'exigeoit, ledit M. Dewleeschoudère, d'accord avec les trois gendres d'Ottevaêre (Catus, Wanderborghet Lateur) convint très-positivement que ma demande étoit bien fondée, et me promit qu'aussitôt le retour d'Ottevaêre à Bruxelles, je serais complètement et définitivement payé, ce dont il voulut bien personnellement se porter fort. (27)

Ottevaêre arrive ordinairement en cette ville, pour y passer l'hiver, dans les premiers jours de novembre de chaque année, mais cette fois il n'y est revenu que le *douze janvier*, parce qu'il savait que je l'y attendais et que M. Dewleeschoudère m'avait promis, en son nom, que je serais payé de la totalité de mon ancienne créance (déduction faite des acomptes reçus), tout aussitôt le retour de son client; et effectivement, ce retour ayant enfin eu lieu, M. l'avocat parut s'employer franchement pour engager Ottevaêre à se libérer loyalement envers moi; mais notre homme qui n'a jamais su ce que c'était que d'agir avec franchise et équité, dans aucune circonstance de sa vie, mit son esprit à la torture pour tâcher d'éluder encore long-temps, l'exécution de ses engagemens d'honneur, ainsi que des promesses qui avaient été faites en son nom. Il apprend que la permission que j'ai obtenue de mes chefs, comme militaire, pour m'absenter du lieu de ma résidence ordinaire (Paris), est expirée; que les fonds dont je m'étais pourvu pour intenter, au besoin, une action devant les tribunaux, se trouvaient épuisés, par le fait d'un trop long séjour à Bruxelles; et enfin, qu'il m'était impossible d'ajourner plus long-temps mon départ de cette ville : alors il imagine de faire naître un incident pour éluder de payer ce que son conseil et son ancien ami, M. Dewleeschoudère, avait reconnu être bien et légitimement dû; lui-même ne peut se dispenser d'en convenir lorsqu'il se trouve en présence ; mais il prétend qu'avant de me payer, il faut que je lui remette les originaux des pièces énoncées dans la consultation de M. Levigney, mon avocat. (Ces pièces étant des lettres qui m'avaient été écrites en l'an xi par MM. Catus et Mejean, lors de l'affaire qui fut traitée par moi, dans ses intérêts personnels.)

En vain cherchai-je à démontrer l'inutilité

de cette exhibition qui exigeoit des frais, des recherches et beaucoup de temps (28); envain produisis-je des mémoires imprimés, dans lesquels toutes ces pièces étaient littéralement rapportées, n'ayant d'ailleurs jamais été contestées; envain essayai-je de prouver que, dans l'état des choses, ces pièces étaient insignifiantes, vu l'arrangement convenu : l'astucieux Ottevaêre persista dans son exception et je fus obligé d'en passer partout où il voulut.

Au fait, au lieu de la somme que je devais recevoir, d'après la promesse de M. Dewleeschoudère, faite au nom d'Ottevaêre, en novembre et décembre 1819, il ne me fût donné que cent louis à valoir sur ce qui me revenait bien légitimement, c'est-à-dire, sur ce qui devait m'être payé *pour solde*, conformément à la promesse qui m'avait été faite, et ce, sans doute, pour paralyser l'effet de mes dispositions.

Il est possible, il est même probable qu'en agissant ainsi envers moi, le perfide Ottevaêre croyait que les pièces originales dont il affectoit d'exiger l'exhibition et la remise, se trouveraient égarées ou soustraites des greffes où elles étaient restées déposées en l'an XI, et que dèslors il pourrait se croire fondé à me refuser le complément de ma créance (29); mais en cela sa conjecture a été fausse, puisque m'étant sérieusement occupé des moyens de faire rechercher, dans les archives du Palais de Justice de Paris, les différentes pièces que j'avais fournies dans le temps, à l'appui de ma plainte contre Ottevaêre et Catus, et successivement contre Fardel, je suis enfin parvenu, à force de démarches, d'instances et de frais, à faire exhumer ces vieux dossiers ensevelis dans la poussière; ce qui m'a procuré l'avantage, non-seulement de retrouver intactes toutes les pièces originales qu'on exigeait de moi, mais encore d'autres, d'une bien plus haute importance, que je croyais perdues; comme aussi de me convaincre, par moi-même, des différentes intrigues qu'on avait fait mouvoir pour parvenir à étouffer cette affaire, ainsi que plusieurs autres qui, dans l'ordre naturel des choses, devaient conduire les prévenus aux bagnes de Brest ou de Toulon.

Enfin, me trouvant muni de toutes les pièces originales qui avaient été si ardemment réclamées, lorsqu'on croyait qu'il me serait impossible de les produire, j'ai entrepris un nouveau voyage à Bruxelles, pour y réclamer paisiblement d'Ottevaêre, ou de ses ayant-cause, le complément de mon ancienne créance, offrant à ce sujet de remettre, non-seulement lesdites pièces, à la réproduction desquelles on avait affecté d'attacher tant d'importance, mais encore beaucoup d'autres qui m'avaient été délivrées sur mon récépissé et que mon débiteur pouvait avoir intérêt de voir anéantir.

Pour obvier à toute espèce de nouveaux incidens, et surtout à des ajournemens indéfinis, *sous prétexte d'absence* (mon débiteur ne se trouvant pas alors à Bruxelles), je me suis occupé, aussitôt mon arrivée, de rédiger une note que j'ai communiquée, le 7 octobre, à M. Lévigney, mon avocat, et *d'après son avis*, je l'ai adressée, le lendemain, à M. Dewleeschoudère, avec prière de vouloir bien mettre la dernière main à son ouvrage, en me faisant enfin payer ce qui me restait dû sur mon ancienne créance de l'an XI, reconnue de nouveau en novembre et décembre 1819, ce qui aurait dû m'être totalement soldé en janvier 1820, si l'on eût voulu agir conformément à l'équité et aux promesses qui m'avaient été faites.

Malgré les explications contenues dans cette note, et la modération que j'ai apportée dans mes nouvelles et dernières démarches, M. Dewleeschoudère a éludé d'agir auprès de son ancien client, prétendant qu'il avait des raisons pour ne plus se mêler de ses affaires. (30).

Aussi insensible à l'honneur, qu'Ottevaére leur beau père, Catus, Wanderborgh et Lateur, ont également éludé de répondre aux lettres honnêtes, explicatives et concluantes que je leur ai écrites pendant mon dernier séjour à Bruxelles, croyant, sans doute, qu'en se refusant ainsi de remplir avec moi ce qu'exigent les simples convenances, j'entreverrais enfin les dispositions de toute la famille, et que je me trouverais ainsi forcé de cesser mes démarches sur un objet qu'on persiste à méconnoître, sans égard aux promesses et obligations antérieures.

Comme on peut le penser, cet injuste refus est devenu pour moi un nouveau motif de mécontentement, d'après lequel j'ai eu occasion de recueillir une foule d'anecdotes qui figureront, comme il convient, dans mon prochain mémoire (31).

Et comme rien ne doit rester impuni dans le monde, je pense que c'est vraiment un effet de la Providence, qu'Ottevaére, Catus, Vanderborgh et Lateur, se soient ainsi refusés à être juges de leurs actions, et à prononcer eux-mêmes dans leur propre cause.

En effet, les individus, horriblement dépouillés de leur avoir, à des époques plus ou moins éloignées et sous différens prétextes, vont retrouver des moyens certains de rentrer dans ce qui leur appartient, en justifiant au gouvernement de leur pays, qu'Ottevaêre et les les siens ont seuls bénéficié de leurs dépouilles.

Le Gouvernement français, d'accord avec celui des Pays-Bas, pourront peut-être bien aussi, vu l'immense fortune *de ce nouveau Verrès*, se faire restituer une partie des dilapidations commises à leur préjudice par tant de moyens frauduleux.

Quant à moi, qui suis bien résolu à faire, s'il le faut, le sacrifice de mes droits, je m'estimerai heureux si, en arrachant sans pitié le voile épais qui couvre l'infâme conduite d'Ottevaêre et consorts, je puis contribuer à réparer la faute que j'ai commise en ayant la faiblesse de m'intéresser à eux, sans savoir ce qu'ils étaient réellement et jusqu'à quel point ils s'étaient rendus coupables envers l'État et la société.

Je ne me dissimule point que, d'après ce que pourront dire et faire les individus contre lesquels je suis enfin forcé d'agir sans aucun ménagement, certains personnages, plus ou moins disposés à leur servir d'égide, pourront chercher, par des sophismes, à combattre mes argumens, pour tâcher de paralyser l'effet de mes citations. Elles diront, peut-être, que mes plaintes sont tardives ou produites par un esprit de vengeance personnelle; mais que m'importe, à moi, l'approbation ou la critique de ces hommes connus pour louer ou médire selon les circonstances, dans le seul intérêt de ceux qui les paient le mieux, sans avoir égard aux sensations réelles qu'ils éprouvent, qui souvent sont en opposition directe avec leurs discours et leurs actions!

Je sais qu'il m'eût été et qu'il me serait encore facile de m'adresser directement à MM. les Procureurs-généraux près les cours de justice, pour provoquer l'intervention de leur autorité, à l'effet d'atteindre plus sûrement (ne fût-ce que dans l'intérêt de la société), Ottevaêre, Catus et compagnie; mais le titre ou la qualité qu'il m'eût fallu prendre à ce sujet, et qui n'est point en harmonie avec mes principes et mes sentimens, me fait préférer de me borner à traduire ces déhontés fripons, au tribunal de l'opinion publique, qui, assez ordinairement, juge avec impartialité, sans s'occuper des formes, et sans égard pour les rangs ou les fortunes, et c'est d'après son jugement, que ces individus, accidentellement sortis de la fange, leur élément naturel, y rentreront pour n'en plus sortir.

Peut-être ces misérables, habitués depuis long-temps à ne rougir de rien, auront-ils l'impudence de continuer à fronder cette même opinion, déjà si accablante pour eux ; peut-être essaieront-ils à nier ou rétorquer les faits que je viens de citer, présumant qu'il me serait difficile d'en produire toutes les preuves ; peut-être oseront-ils crier à la calomnie et feindre de vouloir m'intenter une action devant les tribunaux ; peut-être enfin, pousseront-ils la jactance, jusqu'à commencer les poursuites, dans l'espoir de parvenir à corrompre ou séduire (comme ils l'ont toujours fait) les personnes appelées à nous juger. Eh bien, c'est là que je les attends ! et je leur porte le défi le plus formel de m'intenter aucune action judiciaire à ce sujet ; je leur déclare même solennellement ici, que c'est dans le sanctuaire de la justice que je me fais fort de leur prouver, *pièces en main,* que tout ce que j'ai dit, ainsi que ce que je me propose d'ajouter dans mon prochain Mémoire, est de la plus exacte vérité ; et qu'en résumé, ce sont des scélérats que la justice attend et que l'échafaud réclame.

LALOUBIE - CAZADE.

www.ingramcontent.com/pod-product-compliance
Lightning Source LLC
Chambersburg PA
CBHW062012070426
42451CB00008BA/678